W0072412

RACLETTE

Das brutzelt so schön

Autorin: Tanja Dusy
Fotos: Monika Schürle und Maria Grossmann

DIE GU-QUALITÄTS-GARANTIE

Wir möchten Ihnen mit den Informationen und Anregungen in diesem Buch das Leben erleichtern und Sie inspirieren, Neues auszuprobieren. Bei jedem unserer Bücher achten wir auf Aktualität und stellen höchste Ansprüche an Inhalt, Optik und Ausstattung. Alle Rezepte und Informationen werden von unseren Autoren gewissenhaft erstellt und von unseren Redakteuren sorgfältig ausgewählt und mehrfach geprüft. Deshalb bieten wir Ihnen eine 100 %ige Qualitätsgarantie.

Darauf können Sie sich verlassen:
Wir legen Wert darauf, dass unsere Kochbücher zuverlässig und inspirierend zugleich sind. Wir garantieren:
- dreifach getestete Rezepte
- sicheres Gelingen durch Schritt-für-Schritt-Anleitungen und viele nützliche Tipps
- eine authentische Rezept-Fotografie

Wir möchten für Sie immer besser werden:
Sollten wir mit diesem Buch Ihre Erwartungen nicht erfüllen, lassen Sie es uns bitte wissen! Nehmen Sie einfach Kontakt zu unserem Leserservice auf. Sie erhalten von uns kostenlos einen Ratgeber zum gleichen oder ähnlichen Thema. Die Kontaktdaten unseres Leserservice finden Sie am Ende dieses Buches.

GRÄFE UND UNZER VERLAG
Der erste Ratgeberverlag – seit 1722.

INHALT

TIPPS UND EXTRAS

8 IM PFÄNNCHEN

36 GEGRILLTES OBENDRAUF

50 FEINES DAZU

Das grüne Blatt bei den Rezepten heißt fleischloser Genuss:
Mit diesem Symbol sind alle vegetarischen Gerichte gekennzeichnet.

RACLETTE UND HEISSER STEIN

Gemütliches Brutzeln am Tisch ist genau das Richtige für entspannte Gastgeber
und zufriedene Gäste – und sorgt für jede Menge Spaß!

Freunde einladen und Gäste bewirten ist eine
schöne Sache – vor allem, wenn der Gastgeber
nicht ständig zwischen Küche und Tisch rotiert.
Kein Wunder also, dass Raclette so beliebt ist:
Alles lässt sich vorbereiten und während der Käse
vor sich hin schmilzt, plaudert man entspannt und
brutzelt nebenbei seine Lieblingskombinationen.

MEHR ALS NUR KÄSE

War Raclette früher eine eher schlichte Sache, bei
der ein halber Käse ans offene Feuer gelegt und
nach und nach abgeschabt wurde (Raclette von
frz. »racler« für: etwas abkratzen), bieten die mo-
dernen Tisch-Raclettegeräte ganz neue Möglich-
keiten. Vor allem seit es Kombigeräte mit Grillplatte
oder heißem Stein gibt, auf denen man zusätzlich
Fleisch, Fisch und Gemüse braten kann.

VORBEREITUNG IST ALLES

Für einen Racletteabend mit Gästen sollten Sie ein
ausreichend großes Raclettegerät besitzen oder
sich noch ein zweites ausleihen. Das Gerät möglichst zentral auf dem Tisch platzieren und das
Kabel so legen, dass niemand darüber stolpern
oder es vom Tisch reißen kann. Zum Abstellen
der heißen Pfännchen stellt man an jedem Platz
einen zweiten kleinen Teller oder ausreichend
Servietten bereit – so vermeiden Sie Brand- oder
Fettflecken auf der Tischplatte. Da das Gerät im
Laufe des Abends ganz schön viel Wärme ab-
strahlt, platziert man Getränke und Beilagen
möglichst weit davon entfernt. Die Zutaten fürs
Raclette – Käse, Gemüse, Fleisch oder Fisch –,
aber auch Beilagen und Dips rechtzeitig vorher auf
Platten und in Schälchen anrichten und bis zur
Ankunft der Gäste mit Folie abdecken – so gibt es
garantiert keinen Stress.

RACLETTE PUR

Die einfachste Form des Raclettes, für die man
nicht mal ein Rezept braucht: Käse im Pfännchen
schmelzen lassen und danach mit Salz, Pfeffer
und nach Belieben noch mit Paprikapulver würzen.
Dabei sollte der Käse nie zu sehr bräunen, sondern
nur schön zerlaufen. Die Rinde muss in der Regel
nicht entfernt werden, fragen Sie sicherheitshalber
aber Ihren Käsehändler. Übrigens: Vorspeise und
Dessert braucht es bei diesem üppigen Essen
nicht. Ich reiche einfach nur einen Salat dazu.

BASICS FÜR EINSTEIGER ...

... und alle, die ohne viel Aufwand genießen wollen: Mit wenigen einfachen Zutaten und diesen Mini-Anleitungen ist großes Raclette-Vergnügen garantiert.

ITALIENISCH UND AROMATISCH

Tomaten waschen und in Scheiben schneiden, dabei die Stielansätze entfernen. Die Tomatenscheiben in den Pfännchen mit Oregano bestreuen und mit Käse belegen. Im heißen Gerät ca. 3 Min. überbacken, bis der Käse geschmolzen ist. Mit Salz und Pfeffer würzen.

WÜRZIG UND DEFTIG

Zwiebeln schälen und in hauchdünne Ringe schneiden. Geräucherten Speck in feine Streifen schneiden. Beides in Pfännchen verteilen, mit Käse belegen und im heißen Gerät ca. 3 Min. überbacken, bis der Käse geschmolzen ist.

GRÜN UND KNACKIG

Brokkoli putzen, waschen und in Röschen teilen. In Salzwasser bissfest garen, in einem Sieb kalt abschrecken und abtropfen lassen. Den Brokkoli in Pfännchen verteilen und mit Käse belegen. Im heißen Gerät ca. 3 Min. überbacken, bis der Käse geschmolzen ist. Mit Muskatnuss würzen.

EDEL UND MILD

Grünen Spargel putzen, waschen und holzige Enden abschneiden. Die Stangen in Stücke schneiden und in Salzwasser bissfest garen. In ein Sieb abgießen, kalt abschrecken und abtropfen lassen. Den Spargel in Pfännchen verteilen, mit Käse belegen und im heißen Gerät ca. 3 Min. überbacken, bis der Käse geschmolzen ist.

DAS PASSENDE GERÄT

Geschmolzener Käse oder gegrilltes Fleisch, Fisch und Gemüse? Oder lieber beides? Kein Problem mit dem passenden Gerät.

Es gibt die unterschiedlichsten Raclettegeräte. Von der mit Teelichtern beheizten Ein-Personen-Camping-Version bis zum zweistöckigen High-End-Grill oder Geräten, in die sich, dem Ur-Raclette nachempfunden, ein halber Käselaib einspannen lässt.

ALLROUND-GERÄTE

Für alle, die noch auf der Suche sind: Normalerweise ist ein Kombigerät mit Grillauflage und acht Pfännchen ideal. Vier Leute können hier schon ein zweites Pfännchen füllen, während eines gart, und wenn Gäste kommen, hat jeder sein eigenes Pfännchen. Preislich variieren die Geräte von Hersteller zu Hersteller, günstige Angebote müssen nicht schlecht sein.

WICHTIG BEIM KAUF

Nehmen Sie im Geschäft das Raclettegerät aus der Verpackung und prüfen Sie, ob es sicher und gerade steht. Der Abstand von der Heizspirale zum Boden des Geräts muss reichlich sein, damit ein üppig befülltes Pfännchen gut Platz hat und sein Inhalt nicht gleich an die Heizspirale stößt. Außerdem sollten die Pfännchen groß genug und beschichtet sein und einen isolierten Griff haben, der nicht heiß werden kann.

Das Gerät sollte sich zügig erhitzen lassen und die Hitze muss sich gleichmäßig über das ganze Gerät verteilen. Außerdem darf es keine Wärme nach unten auf die Tischplatte abstrahlen – drei Anforderungen, die Sie nur im Fachhandel mit kompetenter Beratung überprüfen können. Idealerweise sollte die Temperatur regulierbar sein.

MATERIAL UND ZUBEHÖR

Bei Kombigeräten hat man die Wahl zwischen beschichtetem Metall oder Natursteinplatten bzw. einer Kombination aus beidem (bei manchen Geräten lassen sich die Platten auch austauschen). Wichtig ist dabei, dass sich die Platten zum Reinigen einfach herausnehmen lassen. Mein Tipp: Probieren Sie das schon im Geschäft aus.

Zubehör braucht man für ein Raclettegerät eigentlich nicht. Praktisch sind jedoch Schaber aus Holz, mit denen man die überbackenen Zutaten herausschieben kann, ohne die beschichtete Oberfläche der Pfännchen zu beschädigen.

ALLES IM GRIFF

Wie lange muss mein Käse schmelzen und wie viele Pellkartoffeln essen meine Gäste?
Hier finden Sie die passenden Antworten auf Fragen rund um den heißen Käse.

Genaue Zeiten für das Garen im Raclettegerät und das Braten auf dem heißen Stein sind nur schwer festzulegen. Die Geräte variieren je nach Hersteller oder Alter stark in ihrer Heizleistung, wodurch die Garzeiten unterschiedlich ausfallen. Die Zeitangaben in den Rezepten sind deshalb Mittelwerte. Und mal ganz ehrlich: Wer möchte in geselliger Runde schon dauernd auf die Uhr schielen? Entspannter ist es, ab und zu einen Blick ins Pfännchen zu werfen: Der Käse sollte geschmolzen sein, ohne allzu sehr zu bräunen (das nimmt ihm den Schmelz). Fleisch und Fisch auf dem heißen Stein sind gar, wenn sie schön gebräunt sind. Die Rezepte im Buch sind für 4 Personen berechnet. Hat man Gäste eingeladen, verdoppelt oder verdreifacht man die Mengen, kombiniert verschiedene Rezepte oder stellt zusätzlich Käse, Pellkartoffeln, Brot und Salat bereit. Die Mengenangaben in der Tabelle links sind eine Orientierungshilfe.

Mengen	pro Person
Pellkartoffeln	250 g
Brot (wenn es keine Kartoffeln gibt)	100 g
Brot (wenn es auch Kartoffeln gibt)	50 g
Käse (wenn er die Hauptzutat ist)	200 g
Käse (wenn er mit anderen Zutaten kombiniert wird)	150 g
Fleisch (wenn es die Hauptzutat ist)	180 – 200 g
Fleisch (wenn es mit anderen Zutaten kombiniert wird)	100 – 120 g
Fisch (wenn er die Hauptzutat ist)	200 g
Fisch (wenn er mit anderen Zutaten kombiniert wird)	120 g
Gemüse (wenn es die Hauptzutat ist)	250 g
Gemüse (wenn es mit anderen Zutaten kombiniert wird)	200 g

IM PFÄNNCHEN

Manche Raclette-Fans lieben Käse pur – schmeckt ja auch toll, ist
auf Dauer aber ziemlich langweilig. Wo es doch die leckersten
Begleiter gibt: würzige Streusel, feines Gemüse, aromatischen Speck
oder auch mal süße Früchtchen. Probieren Sie sich einfach durch
meine Rezepte. Wetten, Sie möchten gar nicht mehr aufhören?

ZWEIERLEI WÜRZSTREUSEL

Ganz einfach und voll im Trend: Raffiniert gewürzte Streusel peppen
den Raclettekäse geschmacklich und optisch ganz schön auf.

Für mediterrane Streusel:
2 EL Pinienkerne
1 kleiner Zweig Rosmarin
6 getrocknete Tomaten
100 g Grissini
(ital. Knabbergebäck)
½ TL getrockneter Oregano
Salz
Für fruchtig-scharfe Streusel:
5 Zweige Thymian
abgeriebene Schale von
½ Bio-Orange
2 EL getrocknete Sauer-
kirschen oder Cranberrys
3 EL Salzmandeln
1 TL Pul biber (siehe Tipp)
Salz | Pfeffer
Außerdem:
800 g Raclettekäse
(in Scheiben)

Mal was anderes 🌿

Für 4 Personen |
20 Min. Zubereitung
Pro Portion ca. 815 kcal,
48 g EW, 65 g F, 7 g KH

1 Für mediterrane Streusel die Pinienkerne in einer Pfanne ohne Fett rösten, bis sie leicht gebräunt sind und duften. Vom Herd nehmen und abkühlen lassen.

2 Inzwischen den Rosmarin waschen und gut trocken tupfen, die Nadeln abzupfen und fein hacken. Die Tomaten grob zer-schneiden, die Grissinistangen in Stücke brechen. Beides mit den Pinienkernen und dem Oregano im Blitzhacker zu feinen Bröseln mahlen. Den Rosmarin untermischen und die Mischung nach Belieben mit Salz würzen.

3 Für fruchtig-scharfe Streusel den Thymian waschen, gut trocken tupfen und die Blättchen abzupfen. Thymian, Orangen-schale, Sauerkirschen oder Cranberrys, Salzmandeln und Pul biber im Blitzhacker fein zermahlen. Die Mischung mit Salz und Pfeffer würzen.

4 Den Käse in die Pfännchen geben, im heißen Gerät 2 – 3 Min. erhitzen, bis er geschmolzen und gebräunt ist. Anschließend je-weils 1 – 2 TL Würzstreusel daraufgeben.

TIPP

Pul biber sind zerstoßene getrocknete Paprikastückchen, die man in türkischen Lebensmittelläden bekommt. Meist sind diese Paprikaflocken mild, deshalb gebe ich noch etwas Chili an die Streusel, wenn meine Gäste gerne scharf essen.

TIROLER LAUCHPFÄNNCHEN

Salz | 2 Stangen Lauch | 2 große säuerliche Äpfel (z. B. Cox Orange) | 100 g Tiroler Speck (in Scheiben) | 450 g junger Fontina | Pfeffer | frisch geriebene Muskatnuss

Uriger Hüttenschmaus

Für 4 Personen | 25 Min. Zubereitung
Pro Portion ca. 565 kcal, 38 g EW, 41 g F, 9 g KH

1 In einem Topf Salzwasser zum Kochen bringen. Den Lauch putzen, waschen und in ca. 3 mm dicke Ringe schneiden. Die Lauchringe im kochenden Salzwasser in 1 – 2 Min. bissfest garen. In ein Sieb abgießen, kalt abschrecken und abtropfen lassen.

2 Die Äpfel waschen, vierteln, entkernen und in schmale Spalten schneiden. Je 2 – 3 Apfelspalten mit 1 Scheibe Speck umwickeln (sehr lange Speckscheiben vorher quer halbieren).

3 Den Käse in kleine Würfel schneiden, dabei die Rinde entfernen. Die Käsewürfel mit den Lauchringen mischen und kräftig mit Muskatnuss und Pfeffer würzen. Die Käse-Lauch-Mischung in die Pfännchen geben und jeweils 1 – 2 Apfel-Speck-Röllchen in die Mitte setzen. Alles im heißen Gerät ca. 5 Min. erhitzen, bis der Käse geschmolzen und leicht gebräunt ist.

TIPP

Wenn Sie keinen Tiroler Speck bekommen, können Sie alternativ auch in dünne Scheiben geschnittenen Schwarzwälder Schinken oder Parmaschinken nehmen.

ZWIEBELPFÄNNCHEN MIT SPECK

400 g Zwiebeln | 2 EL Butterschmalz | Salz |
Pfeffer | ½ TL Kümmelsamen | 200 g magerer
Räucherspeck | 350 g Raclettekäse oder
Emmentaler | 100 g saure Sahne

Deftige Hausmannskost

Für 4 Personen | 30 Min. Zubereitung
Pro Portion ca. 635 kcal, 43 g EW, 49 g F, 6 g KH

1 Die Zwiebeln schälen und in dünne Ringe
schneiden. Das Butterschmalz in einem Topf zerlassen und die Zwiebeln darin bei schwacher Hitze
in 15 Min. weich und goldgelb dünsten. Die Zwiebelmischung gegen Ende der Garzeit mit Salz,
Pfeffer und Kümmel würzen und abkühlen lassen.

2 Den Speck in möglichst kleine Würfel schneiden, dabei die Schwarte entfernen. Die Rinde
vom Käse abschneiden und den Käse grob reiben.

Die saure Sahne mit den Zwiebeln verrühren. Die
Speckwürfel und den Käse dazugeben und gründlich untermischen.

3 Die Speck-Zwiebel-Mischung in die Pfännchen
geben und im heißen Gerät 5 – 7 Min. erhitzen, bis
der Käse geschmolzen und leicht gebräunt ist.

TIPP

Wenn ich einmal mehr Gäste erwarte, lässt sich
dieses Rezept ganz leicht »aufrüsten«: Einfach
4 gekochte und abgekühlte Kartoffeln pellen
und in dickere Scheiben schneiden. Jeweils ein
paar Kartoffelscheiben in die Pfännchen legen
und mit der Speck-Zwiebel-Masse bedecken.
Dann reicht die Menge für 6 – 8 Personen.

MINIRÖSTI MIT KÄSE

750 g festkochende Kartoffeln | Salz |
400 g Bergkäse, Emmentaler oder Gruyère |
3 EL Butter | 1 TL getrockneter Majoran |
Pfeffer | frisch geriebene Muskatnuss

Schweizer Klassiker im Duett

Für 4 Personen | 15 Min. Zubereitung |
25 Min. Garen | 1 Std. Abkühlen
Pro Portion ca. 545 kcal, 32 g EW, 36 g F, 22 g KH

1 Am besten schon am Vortag die Kartoffeln unter fließendem kaltem Wasser gründlich abbürsten und mit der Schale in Salzwasser in 20 – 25 Min. gar kochen. Abgießen und im Topf auf der ausgeschalteten Herdplatte ausdampfen lassen. Dann die Kartoffeln ca. 1 Std. abkühlen lassen.

2 Die Käserinde entfernen und den Käse grob reiben. Die Kartoffeln pellen und ebenfalls grob reiben. Die Butter in einer kleinen Pfanne zerlassen und mit dem Majoran unter die Kartoffeln mischen. Die Kartoffelraspel mit Salz, Pfeffer und Muskatnuss kräftig würzen.

3 Die Kartoffelmasse in die Pfännchen geben, flach drücken und mit dem Käse bestreuen. Im heißen Gerät 7 – 8 Min. überbacken, bis die Kartoffeln gebräunt sind und der Käse geschmolzen ist.

TIPP

Wer den Klassiker Rösti mit Züricher Geschnetzeltem liebt, wird auch diese Raclette-Version mögen: 300 g dünn geschnittene Kalbsschnitzel so in Stücke schneiden, dass sie gut in die Pfännchen passen. Die Schnitzelchen in Butterschmalz braten, salzen, pfeffern und jeweils eines auf die Kartoffelmasse ins Pfännchen legen und mit Käse bestreuen.

SALBEIKARTOFFELN MIT TALEGGIO

600 g kleine vorwiegend festkochende Kartoffeln | Salz | 200 g magerer Räucherspeck oder Schwarzwälder Schinken | 12 große Salbeiblätter | 2 EL Butter | 400 g Taleggio | Pfeffer

Italien lässt grüßen

Für 4 Personen | 35 Min. Zubereitung |
25 Min. Garen | 1 Std. Abkühlen
Pro Portion ca. 595 kcal, 36 g EW, 42 g F, 19 g KH

1 Die Kartoffeln unter fließendem kaltem Wasser gründlich abbürsten und mit der Schale in Salzwasser in 20 – 25 Min. gar kochen. Abgießen und im Topf auf der ausgeschalteten Herdplatte ausdampfen lassen. Dann die Kartoffeln ca. 1 Std. abkühlen lassen.

2 Die Kartoffeln pellen und in ½ cm dicke Scheiben schneiden. Die Speckschwarte entfernen und

den Speck oder Schinken in sehr feine Würfel schneiden. Die Salbeiblätter trocken abreiben und in breite Streifen schneiden. Die Butter in einer Pfanne zerlassen und den Salbei darin braten, bis er hellbraun ist und duftet. Die Pfanne vom Herd nehmen und die Butter etwas abkühlen lassen.

3 Inzwischen den Käse in grobe Würfel schneiden. Die Käsewürfel mit den Kartoffeln und dem Speck in eine Schüssel geben, die Salbeibutter darübergießen und vorsichtig untermischen. Die Kartoffel-Käse-Masse in die Pfännchen geben und im heißen Gerät 5 – 7 Min. garen, bis der Käse geschmolzen und leicht gebräunt ist. Die Salbeikartoffeln mit Salz und Pfeffer würzen.

GRÖSTLPFÄNNCHEN

Auf der Alm, da gibt's koa Sünd', dafür aber sündhaft gutes Essen:
Würzig-deftig werden hier Gaumen und Magen gleichermaßen verführt.

400 g Pellkartoffeln
(vom Vortag)
2 Zwiebeln
3 EL Butterschmalz
1 TL Kümmelsamen
½ TL getrockneter Majoran
Salz | Pfeffer
300 g Schweineschnitzel
200 g rohe grobe Bratwürste
2 Essiggurken
⅓ Bund krause Petersilie
300 g Bergkäse

Uriger Hüttenschmaus

Für 4 Personen |
30 Min. Zubereitung
Pro Portion ca. 650 kcal,
45 g EW, 46 g F, 13 g KH

1 Die Kartoffeln pellen und in kleine Würfel schneiden. Die Zwiebeln schälen und in dünne Ringe schneiden. In einer beschichteten Pfanne die Hälfte des Butterschmalzes zerlassen und die Zwiebeln darin bei schwacher bis mittlerer Hitze in ca. 10 Min. weich und leicht hellbraun dünsten.

2 Das restliche Butterschmalz in der Zwiebelmischung schmelzen lassen. Kartoffeln, Kümmel und Majoran dazugeben und mit Salz und Pfeffer würzen. Die Kartoffeln bei mittlerer bis starker Hitze in 3 – 4 Min. hellbraun braten. Die Pfanne vom Herd nehmen.

3 Das Fleisch in dünne Streifen schneiden. Die Bratwürste in Scheiben oder Stücke, die Gurken in dünne Scheiben schneiden. Die Petersilie waschen und trocken schütteln, die Blätter abzupfen und fein hacken. Alles unter die Kartoffel-Zwiebel-Mischung heben und leicht mit Salz und Pfeffer würzen.

4 Die Käserinde entfernen und den Käse grob reiben. Die Gröstlmischung in die Pfännchen geben, mit Käse bestreuen und im heißen Gerät ca. 10 Min. backen, bis das Fleisch und die Würste gar sind und der Käse geschmolzen und leicht gebräunt ist.

TIPP Tiroler Gröstl oder Gröschtel ist ein typisches Resteessen aus Pellkartoffeln und kaltem Bratenfleisch. Wer also noch Schweine- oder Rinderbraten übrig hat, kann ihn in dünne Streifen schneiden und anstelle des Schnitzelfleischs verwenden. Dazu dann gegarte Würste wie Wiener oder auch Blutwurst kombinieren und die Gröstlmischung nur so lange garen, bis der Käse geschmolzen und leicht gebräunt ist.

ROSENKOHL-MARONEN-PFÄNNCHEN

Salz | 600 g Rosenkohl | 200 g gegarte Maronen (vakuumverpackt) | 4 Zweige Thymian | 1 EL Butter | Pfeffer | 400 g Raclettekäse (in Scheiben) | frisch geriebene Muskatnuss

Klein und fein 🌱

Für 4 Personen | 25 Min. Zubereitung
Pro Portion ca. 505 kcal, 30 g EW, 31 g F, 25 g KH

1 In einem Topf Salzwasser zum Kochen bringen. Den Rosenkohl putzen, dabei den Strunk kreuzweise einschneiden, und waschen. Die Röschen zugedeckt bei mittlerer Hitze in 10 – 12 Min. bissfest garen. In ein Sieb abgießen, kalt abschrecken und abtropfen lassen.

2 Inzwischen die Maronen in grobe Stücke hacken. Den Thymian waschen und trocken schütteln, die Blättchen abzupfen und grob hacken.

Die Butter in einer kleinen beschichteten Pfanne zerlassen, Maronen und Thymian darin unter Rühren 2 Min. braten. Mit Salz und Pfeffer würzen.

3 Den Rosenkohl jeweils halbieren (große Röschen vierteln) und mit den Maronen mischen. Die Rosenkohl-Maronen-Mischung in die Pfännchen geben und den Käse darauflegen. Im heißen Gerät überbacken, bis der Käse geschmolzen und leicht gebräunt ist. Mit Pfeffer und Muskatnuss würzen.

TIPP

Für eine würzig-nussige Variante ersetze ich die Maronen durch 100 g gewürfelten Räucherspeck und 3 EL Haselnussblättchen.

KRAUTPFÄNNCHEN MIT ROSTBRATWURST

1 große Zwiebel | 1 Apfel (z. B. Boskop) | 1 EL Öl oder Butterschmalz | 500 g Sauerkraut (frisch oder aus der Dose) | 10 Wacholderbeeren | 200 g Nürnberger oder Thüringer Rostbratwürste | 400 g Appenzeller oder Raclettekäse | 100 g saure Sahne | Salz | Pfeffer

Deftige Hausmannskost

Für 4 Personen | 30 Min. Zubereitung
Pro Portion ca. 620 kcal, 33 g EW, 51 g F, 5 g KH

1 Die Zwiebel schälen und in kleine Würfel schneiden. Den Apfel schälen, vierteln und das Kerngehäuse entfernen. Die Apfelviertel in kleine Stücke schneiden.

2 Das Öl oder Butterschmalz in einem Topf erhitzen und die Zwiebel darin glasig dünsten. Das Sauerkraut zerzupfen und mit Apfel, Wacholderbeeren und 150 ml Wasser dazugeben. Alles verrühren und 20 Min. garen, dabei in den letzten 5 – 10 Min. den Deckel abnehmen, damit die Flüssigkeit weitgehend verdunsten kann. Die Krautmischung kurz abkühlen lassen.

3 Inzwischen die Würste in Stücke schneiden. Die Käserinde entfernen und den Käse grob raspeln, mit der sauren Sahne mischen und leicht mit Salz und Pfeffer würzen. Die Wacholderbeeren aus dem Sauerkraut fischen.

4 Das Sauerkraut in die Pfännchen geben. Wurststückchen darauf verteilen und etwas Käsemasse darübergeben. Im heißen Gerät ca. 8 Min. backen, bis die Würste gar sind und der Käse geschmolzen und leicht gebräunt ist.

WURZELGEMÜSE-PFÄNNCHEN

3 Möhren | 1 Stück Knollensellerie (ca. 300 g) | 1 Stange Lauch | Salz | 1 rote Zwiebel | 450 g Emmentaler oder Bergkäse | 100 g Crème fraîche | Pfeffer | frisch geriebene Muskatnuss | ¼ TL edelsüßes Paprikapulver | 60 g Haselnussblättchen

Herbstlich bunt

Für 4 Personen | 30 Min. Zubereitung
Pro Portion ca. 670 kcal, 34 g EW, 55 g F, 10 g KH

1 Die Möhren und den Sellerie schälen und in dünne Streifen schneiden oder hobeln (das geht am besten mit der Küchenmaschine). Den Lauch putzen und waschen, zuerst in 5 cm lange Stücke und diese längs in feine Streifen schneiden.

2 In einem großen Topf Salzwasser zum Kochen bringen und das vorbereitete Gemüse darin in ca. 2 Min. bissfest garen. In ein Sieb abgießen, kalt abschrecken und gut abtropfen lassen (nach Belieben mit Küchenpapier trocken tupfen).

3 Inzwischen die Zwiebel schälen, halbieren und in feine Streifen schneiden. Den Käse in Stücke oder Streifen schneiden, dabei die Rinde entfernen. Das Gemüse mit der Crème fraîche und den Zwiebelstreifen mischen, die Hälfte des Käses unterheben und mit Pfeffer, Muskatnuss und Paprikapulver kräftig würzen.

4 Die Gemüsemischung in die Pfännchen geben, den restlichen Käse und die Nussblättchen darüber verteilen. Im heißen Gerät ca. 5 Min. garen, bis der Käse geschmolzen und leicht gebräunt ist.

KÜRBIS-CURRY-PFÄNNCHEN

500 g Kürbis (z. B. Moschus- oder Muskat-
kürbis; geputzt ca. 350 g) | 1 Stück Ingwer
(ca. 3 cm) | 1 Knoblauchzehe | 2 EL Öl |
1 TL Currypulver | 1 TL flüssiger Honig | Salz |
Pfeffer | ½ Bund Koriandergrün | 1 – 2 EL Limet-
tensaft | 450 g Emmentaler oder Raclettekäse
(in Scheiben)

Orientalisch gewürzt 🌿

Für 4 Personen | 25 Min. Zubereitung
Pro Portion ca. 505 kcal, 34 g EW, 38 g F, 6 g KH

1 Den Kürbis schälen, den inneren faserigen Teil
und die Kerne entfernen. Das Fruchtfleisch zuerst
in ca. 3 mm dicke Scheiben und diese in ca. 2 cm
große Stücke schneiden.

2 Ingwer und Knoblauch schälen und fein hacken.
Das Öl in einer beschichteten Pfanne erhitzen, Ingwer und Knoblauch darin kurz andünsten. Die Kür-
bisstücke dazugeben, mit Currypulver bestäuben
und unter Rühren 2 Min. mitdünsten. Den Honig
darüberträufeln und mit Salz und Pfeffer würzen.
Den Kürbis offen unter gelegentlichem Rühren in
5 – 7 Min. nicht zu weich garen (dabei, falls nötig,
3 – 4 EL Wasser hinzufügen).

3 Inzwischen den Koriander waschen und trocken
schütteln, die Blätter abzupfen und fein hacken.
Den Kürbis mit dem Limettensaft abschmecken.
Vom Herd nehmen, abkühlen lassen und anschließend den Koriander unterrühren.

4 Den Kürbis auf die Pfännchen verteilen und den
Käse darauflegen. Im heißen Gerät ca. 5 Min. überbacken, bis der Käse geschmolzen und leicht gebräunt ist.

ZIEGENKÄSE MIT ÄPFELN

2 große säuerliche Äpfel (z. B. Boskop oder Cox Orange) | 2 EL Zitronensaft | 6 Zweige Thymian | 450 g Ziegenkäserolle | 3 EL Butter | 5 EL flüssiger Honig | Pfeffer

Genießen wie in Frankreich

Für 4 Personen | 15 Min. Zubereitung
Pro Portion ca. 440 kcal, 24 g EW, 31 g F, 16 g KH

1 Die Äpfel waschen und die Kerngehäuse ausstechen. Die Äpfel quer in knapp 1 cm dicke Ringe schneiden und sofort mit Zitronensaft bestreichen, damit sie sich nicht bräunlich verfärben. Thymian waschen und trocken schütteln, Blättchen abzupfen und fein hacken. Den Ziegenkäse in ca. ½ cm dicke Scheiben schneiden.

2 Die Butter in einem kleinen Topf zerlassen und die Pfännchen damit einstreichen. In jedes Pfännchen 1 Apfelscheibe legen und mit Thymian bestreuen. Je 1 Scheibe Ziegenkäse darauflegen, mit Honig beträufeln und mit grob gemahlenem Pfeffer bestreuen. Im heißen Gerät 4–5 Min. überbacken, bis der Käse leicht zerlaufen und gebräunt ist.

REBLOCHON MIT TRAUBEN

5 Zweige (Zitronen-)Thymian | 400 ml trockener Weißwein | 6 Gewürznelken | 1 Zimtstange | 5 EL Zucker | 400 g kernlose helle Trauben | 1 Reblochon (ca. 500 g)

Raclette de luxe

Für 4 Personen | 30 Min. Zubereitung |
1 Std. Abkühlen
Pro Stück: ca. 630 kcal, 40 g EW, 28 g F, 41 g KH

1 Thymian waschen und trocken schütteln, mit Wein, Gewürzen und Zucker in einem Topf aufkochen. Trauben waschen, von den Stielen zupfen, dazugeben und offen ca. 15 Min. köcheln lassen. In ein Sieb abgießen, dabei den Sud auffangen. Gewürze und Thymian wieder in den Sud geben und diesen auf ein Viertel einkochen lassen. Über die Trauben gießen, Thymian und Gewürze entfernen. Ca. 1 Std. abkühlen lassen.

2 Den Käse mit Rinde in Spalten schneiden, mit Trauben und etwas Sud in die Pfännchen verteilen. Im heißen Gerät ca. 3 Min. überbacken, bis der Käse geschmolzen ist.

MORBIER MIT PORTFEIGEN

16 Feigen | 4 EL Zucker | 450 ml Orangensaft |
150 ml Rotwein | 3 Sternanis | 1 Zimtstange |
abgeriebene Schale von 1 Bio-Orange |
150 ml Portwein | 700 g Morbier (in dicken
Scheiben)

Für Raclette-Gourmets 🌿

Für 4 Personen | 30 Min. Zubereitung |
1 Std. Abkühlen
Pro Portion ca. 765 kcal, 44 g EW, 40 g F, 41 g KH

1 Feigen waschen und halbieren. Zucker in einem
kleinen Topf bei mittlerer Hitze karamellisieren
und die Feigen hineinlegen. Orangensaft, Rotwein,
Gewürze und die Hälfte der Orangenschale dazugeben. Ca. 5 Min. sanft köcheln lassen, dabei die
Feigen einmal wenden. Feigen herausheben, den
Sud auf ein Drittel einkochen lassen. Portwein und
übrige Orangenschale dazugeben. Den Sud über
die Feigen geben und ca. 1 Std. abkühlen lassen.

2 Den Käse in die Pfännchen geben und im heißen Gerät in ca. 3 Min. schmelzen lassen. Die Feigen und etwas Sud auf den Käse geben.

VACHERIN MIT SCHALOTTEN

350 g Schalotten | 2 EL Zucker | 200 ml Holun-
derbeerensaft | 1 Lorbeerblatt | 6 Piment-
körner | 4 Gewürznelken | 1 Zweig Rosmarin |
100 ml Rotwein | 2 – 3 EL Aceto balsamico |
Salz | Pfeffer | 800 g Vacherin Mont-d'Or

Perfekt kombiniert 🌿

Für 4 Personen |
40 Min. Zubereitung | 1 Std. Abkühlen
Pro Portion ca. 650 kcal, 37 g EW, 47 g F, 15 g KH

1 Schalotten schälen. Zucker in einem kleinen
Topf karamellisieren, den Saft angießen. Schalotten, Gewürze und Rosmarin dazugeben, offen
15 – 20 Min. köcheln lassen. Wein und Essig hinzufügen, die Schalotten 5 – 10 Min. weitergaren.
Mit Salz und Pfeffer würzen. Die Schalotten herausnehmen und die Würzzutaten entfernen.
Den Sud sirupartig einkochen lassen, die Schalotten hineingeben und ca. 1 Std. abkühlen lassen.

2 Käse in Spalten schneiden, in die Pfännchen
geben und im heißen Gerät in ca. 3 Min. schmelzen
lassen. Schalotten mit Sud darübergeben.

POLENTA MIT TOMATEN-MOZZARELLA-HAUBE

Italien lässt grüßen: Wir finden diese Kombi aus herzhaft-kerniger Polenta
mit Tomaten und zartschmelzendem Käse einfach fantastico!

10 schwarze Oliven
(ohne Stein)
2 Knoblauchzehen
400 ml Gemüsebrühe
1 TL getrockneter Oregano
Salz | Pfeffer
150 g Instant-Polenta
3 EL Olivenöl
1 kleine Zwiebel
50 ml Weißwein
(ersatzweise Wasser)
1 kleine Dose gehackte
Tomaten (400 g)
Zucker
3 Stiele Basilikum
2 Kugeln Mozzarella (à 125 g)

Etwas aufwendiger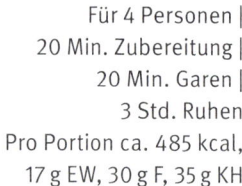

Für 4 Personen |
20 Min. Zubereitung |
20 Min. Garen |
3 Std. Ruhen
Pro Portion ca. 485 kcal,
17 g EW, 30 g F, 35 g KH

1 Die Oliven fein hacken. 1 Knoblauchzehe halbieren. Die Brühe mit dem Knoblauch in einem Topf zum Kochen bringen. ½ TL Oregano dazugeben, mit Salz und Pfeffer würzen. Den Knoblauch herausfischen und den Polentagrieß unter Rühren einrieseln lassen (Bild 1). Den Polentabrei unter Rühren 2 – 3 Min. auf der ausgeschalteten Herdplatte quellen lassen.

2 Die Oliven unter die Polenta rühren und den Topf vom Herd nehmen. Ein Blech dünn mit etwas Olivenöl einstreichen. Die Polenta auf dem Blech 1 cm dick glatt ausstreichen (Bild 2) und mit Frischhaltefolie bedeckt in ca. 3 Std. fest werden lassen.

3 Inzwischen die Zwiebel und den restlichen Knoblauch schälen und in kleine Würfel schneiden. Das übrige Olivenöl in einem Topf erhitzen, Zwiebel und Knoblauch darin andünsten. Mit Wein oder Wasser ablöschen, die Flüssigkeit einkochen lassen. Die Tomaten und den restlichen Oregano dazugeben, mit Salz und Pfeffer würzen. Die Tomaten offen in 15 – 20 Min. sämig einköcheln lassen.

4 Die Tomatensauce mit 1 Prise Zucker abschmecken. Das Basilikum waschen und trocken schütteln, die Blätter abzupfen, in feine Streifen schneiden und unter die Sauce rühren (Bild 3). Die Tomatensauce abkühlen lassen.

5 Mozzarella trocken tupfen und in Scheiben schneiden. Aus der Polenta Stücke in Größe der Raclettepfännchen schneiden oder mit einem Glas Kreise ausstechen. Die Polenta in die Pfännchen geben und etwas Tomatensauce darübergeben. Mit Mozzarella belegen und Pfeffer darübermahlen. Im heißen Gerät 3 – 5 Min. überbacken, bis der Käse geschmolzen und leicht gebräunt ist.

SPINATPFÄNNCHEN MIT GORGONZOLA

600 g Blattspinat (oder 300 g TK-Spinat) |
5 Frühlingszwiebeln | 1 Knoblauchzehe |
2 EL Olivenöl | Salz | Pfeffer | 2 Tomaten |
½ TL getrockneter Oregano | 100 g Sahne |
400 g Gorgonzola

Wunderbar aromatisch

Für 4 Personen | 30 Min. Zubereitung
Pro Portion ca. 560 kcal, 25 g EW, 50 g F, 3 g KH

1 Den Spinat verlesen, waschen und gut abtropfen lassen (TK-Spinat nach Packungsanweisung auftauen). Die Frühlingszwiebeln putzen und waschen, den weißen und grünen Teil getrennt in dünne Ringe schneiden. Den Knoblauch schälen und fein hacken.

2 Das Olivenöl in einem Topf erhitzen, die weißen Zwiebelringe und den Knoblauch darin andünsten.

Den Spinat dazugeben, mit Salz und Pfeffer würzen und zugedeckt bei starker Hitze zusammenfallen lassen. Den Spinat in ein Sieb abgießen, abtropfen und abkühlen lassen. Dann mit den Händen gut ausdrücken und zerzupfen.

3 Während der Spinat abkühlt, die Tomaten waschen und halbieren, dabei die Kerne und Stielansätze entfernen. Das Fruchtfleisch klein würfeln, mit Oregano, Sahne und dem Spinat mischen, salzen und pfeffern. Den Gorgonzola in Würfel schneiden und mit dem Frühlingszwiebelgrün mischen.

4 Jeweils etwas Spinat-Tomaten-Mischung in die Pfännchen geben und mit der Gorgonzola-Zwiebelgrün-Mischung bestreuen. Im heißen Gerät ca. 5 Min. überbacken, bis der Käse geschmolzen und leicht gebräunt ist.

PILZ-SCHINKEN-PFÄNNCHEN

500 g braune Champignons | ½ Bund krause Petersilie | 2 kleine Schalotten | 1 EL Butter | Salz | Pfeffer | 50 ml Weißwein (ersatzweise Wasser) | 150 g Crème fraîche | 250 g Emmentaler oder Bergkäse | 250 g gekochter Schinken (am Stück) | frisch geriebene Muskatnuss

Beliebter Klassiker

Für 4 Personen | 25 Min. Zubereitung
Pro Portion ca. 520 kcal, 36 g EW, 39 g F, 3 g KH

1 Die Pilze putzen, mit Küchenpapier trocken abreiben und in ca. 4 mm dicke Scheiben schneiden. Die Petersilie waschen und trocken schütteln, die Blätter abzupfen und fein schneiden. Die Schalotten schälen und in kleine Würfel schneiden.

2 Die Butter in einer beschichteten Pfanne zerlassen und die Schalotten darin goldgelb andünsten.

Die Pilze dazugeben und bei starker Hitze in 2 – 3 Min. braun braten, dabei gelegentlich wenden. Mit Salz und Pfeffer würzen, mit Wein oder Wasser ablöschen und die Flüssigkeit einkochen lassen. Die Petersilie und die Crème fraîche unterrühren. Die Pfanne vom Herd nehmen und die Pilze kurz abkühlen lassen.

3 Inzwischen die Käserinde entfernen und den Käse fein reiben. Den Schinken in kleine Würfel schneiden, dabei nach Belieben den Fettrand entfernen. Käse und Schinken mit den Pilzen mischen und mit Salz, Pfeffer und Muskatnuss kräftig würzen. Die Pilzmischung auf die Pfännchen verteilen und im heißen Gerät 5 – 7 Min. garen, bis die Oberfläche schön gebräunt ist.

ZWEIERLEI CROSTINI

Meine Gäste lieben diese krossen Häppchen. Mit einem Glas Sekt oder Prosecco sind sie der perfekte Einstieg in einen gelungenen Racletteabend.

Für Paprika-Sardellen-Crostini:
je 1 kleine rote und gelbe Paprikaschote
1 kleine Knoblauchzehe
2 Zweige Thymian
2 Sardellen (in Öl eingelegt)
2 EL Rauchmandeln
2 EL Olivenöl
Salz | Pfeffer
1 EL Sherry (oder Wasser)
30 g Manchego
Für Tomaten-Chorizo-Crostini:
2 kleine Fleischtomaten
1 kleine Knoblauchzehe
4 Stiele Petersilie
1–2 EL Olivenöl
Salz | Pfeffer
Chilipulver
50 g Chorizo (span. Paprikawurst; in Scheiben)
1 Kugel Mozzarella (125 g)
Außerdem:
16 dünne Scheiben Baguette

Mediterrane Häppchen

Für 4 Personen |
45 Min. Zubereitung
Pro Portion ca. 510 kcal,
17 g EW, 29 g F, 48 g KH

1 Für Paprika-Sardellen-Crostini die Paprikaschoten längs halbieren, putzen, waschen und in ca. 1 cm große Würfel schneiden. Den Knoblauch schälen und fein hacken. Den Thymian waschen und trocken schütteln, die Blättchen abzupfen und fein hacken. Die Sardellen fein, die Mandeln grob hacken.

2 Das Olivenöl in einer Pfanne erhitzen. Paprika und Knoblauch darin bei starker Hitze braten, bis die Paprikawürfel leicht braun sind. Mit Salz und Pfeffer würzen und mit Sherry oder Wasser ablöschen. Sardellen und Thymian hinzufügen und die Paprikawürfel weitere 2–3 Min. braten, bis sie weich sind (dabei, falls nötig, noch etwas Wasser dazugeben). Die Pfanne vom Herd nehmen.

3 Den Käse mit dem Sparschäler in Späne hobeln. Die Mandeln zur Paprika-Sardellen-Mischung geben und diese mit Salz und Pfeffer abschmecken.

4 Für Tomaten-Chorizo-Crostini die Tomaten waschen und halbieren, dabei die Stielansätze und Kerne entfernen. Das Fruchtfleisch in kleine Würfel schneiden. Den Knoblauch schälen und fein hacken. Die Petersilie waschen und trocken schütteln, die Blätter abzupfen und mit Knoblauch und Olivenöl unter die Tomaten mischen. Mit Salz, Pfeffer und Chilipulver würzen. Die Wurstscheiben je nach Größe halbieren oder vierteln und untermischen. Mozzarella mit Küchenpapier trocken tupfen, in Scheiben schneiden und diese nach Belieben halbieren.

5 Die Baguettescheiben nach Belieben in den Pfännchen leicht anrösten. Dann abwechselnd mit Paprika- und Tomatenmischung belegen und Manchego bzw. Mozzarella darüber verteilen. Die Crostini im heißen Gerät ca. 3 Min. überbacken, bis der Käse leicht geschmolzen ist.

RADICCHIO MIT SCAMORZA

Eine meiner Lieblingsvorspeisen beim Italiener um die Ecke: Radicchio mit gegrilltem Scamorza. Die Raclette-Variante schmeckt mindestens genauso gut!

2 Köpfe Radicchio (à ca. 350 g)
1 Knoblauchzehe
3 EL Olivenöl
Salz | Pfeffer
2 EL Puderzucker
4 EL Aceto balsamico
2 geräucherte Scamorza
(ca. 600 g)

So einfach, so gut

Für 4 Personen |
20 Min. Zubereitung
Pro Portion ca. 595 kcal,
31 g EW, 48 g F, 8 g KH

1 Vom Radicchio äußere welke Blätter entfernen, die Köpfe jeweils längs achteln, waschen und trocken tupfen. Die Strünke keilförmig so wegschneiden, dass die Blätter noch zusammenhalten. Den Knoblauch schälen und in feine Scheiben schneiden.

2 Das Olivenöl in einer großen beschichteten Pfanne stark erhitzen. Radicchio und Knoblauch hineingeben und leicht braun anbraten, dabei einmal wenden und mit Salz und Pfeffer würzen. Den Radicchio mit dem Puderzucker bestäuben und vorsichtig durchrühren, damit der Zucker schmilzt. Mit Essig ablöschen, nochmals durchrühren und abkühlen lassen.

3 Den Käse in gut ½ cm dicke Scheiben schneiden, nach Belieben die Rinde entfernen. Jeweils 1–2 Radicchiostücke in die Pfännchen geben und mit 1 Scheibe Käse belegen. Im heißen Gerät ca. 3 Min. überbacken, bis der Käse geschmolzen und leicht gebräunt ist. Etwas Pfeffer grob darüber mahlen.

VARIANTE **CHICORÉE MIT CAMEMBERT**
Ich liebe nicht nur Radicchio, sondern auch den leicht bitteren Chicorée, für den ich deshalb auch ein Raclette-Rezept entwickelt habe: Die Blätter von 3 Stauden Chicorée ablösen, waschen, trocken tupfen und quer in schmale Streifen schneiden. 250 g festen Camembert in Würfel schneiden. 1 Apfel waschen, vierteln, entkernen und klein würfeln. 150 g Crème fraîche mit den vorbereiteten Zutaten mischen, mit Salz, Pfeffer und Muskatnuss würzen. Die Chicorée-Camembert-Masse in die Pfännchen geben und im heißen Gerät ca. 3 Min. überbacken, bis der Käse geschmolzen und leicht gebräunt ist.

FISCH IN GURKEN-SENF-SAUCE

600 g Fischfilet (z. B. Seelachs oder Rot-
barsch) | 1 EL Zitronensaft | 1 Salatgurke |
5 Stiele Dill | 200 g Butterkäse oder junger
Gouda | 200 g Mascarpone | 1½ EL körniger
Dijon-Senf | Salz | Pfeffer | frisch geriebene
Muskatnuss

Klassisch kombiniert

Für 4 Personen | 25 Min. Zubereitung
Pro Portion ca. 740 kcal, 40 g EW, 63 g F, 4 g KH

1 Das Fischfilet kalt abbrausen, trocken tupfen
und in ca. 1 cm große Würfel schneiden. Mit dem
Zitronensaft mischen und marinieren lassen.

2 Inzwischen die Gurke schälen und längs halbieren, die Kerne mit einem Löffel herauskratzen und
die Hälften in dünne Scheiben schneiden. Den Dill
waschen und trocken schütteln, die Spitzen abzupfen und fein hacken. Die Käserinde entfernen und
den Butterkäse oder Gouda grob raspeln.

3 Den Mascarpone mit dem Senf glatt rühren.
Käse und Dill unterrühren und die Masse mit Salz,
Pfeffer und Muskatnuss kräftig würzen.

4 Den Fisch kurz vor dem Garen leicht mit Salz
und Pfeffer bestreuen. Jeweils etwas Fisch- und
Gurkenwürfel in die Pfännchen geben und mit
etwas Mascarpone-Käse-Masse bedecken.
Im heißen Gerät ca. 10 Min. garen, bis der Fisch
gar und der Käse leicht gebräunt ist.

VARIANTE

Für eine leichtere Version ersetze ich 100 g
Mascarpone durch saure Sahne, die Hälfte der
Gurke durch 3 klein gehackte Cornichons und
den körnigen durch feinen Dijon-Senf.

FISCH MIT BRÖSELKRUSTE

1 Bio-Zitrone | 600 g Fischfilet (z. B. Rotbarsch, Seelachs, Zander) | 1 Bund Petersilie | 5 Zweige Thymian | 1 kleine Knoblauchzehe | 3 Scheiben Toastbrot | 50 g geriebener Parmesan | 3 EL gehackte Mandeln | 100 g Butter | Salz | Pfeffer | 1–2 Msp. Chilipulver

Genial einfach

Für 4 Personen | 35 Min. Zubereitung
Pro Portion ca. 485 kcal, 35 g EW, 34 g F, 9 g KH

1 Die Zitrone heiß waschen und abtrocknen, die Schale abreiben und den Saft auspressen. Das Fischfilet kalt abbrausen und trocken tupfen, in ca. 1½ cm breite Streifen schneiden und mit 3 EL Zitronensaft mischen.

2 Die Kräuter waschen und trocken schütteln, die Blätter abzupfen und grob hacken. Den Knoblauch schälen und grob hacken. Das Toastbrot in Stücke schneiden. Kräuter, Knoblauch und Brot im Blitzhacker fein zerkleinern und in eine Schüssel geben. Zitronenschale, Parmesan, Mandeln sowie die Butter in Flöckchen dazugeben und alles mit den Fingern zu einer bröseligen Masse mischen. Mit Salz, Pfeffer und Chilipulver würzen.

3 Die Fischstreifen nebeneinander in die Pfännchen legen und mit Salz und Pfeffer würzen. Die Parmesan-Bröselmasse darauf verteilen und mit einer Gabel leicht andrücken. Im heißen Gerät ca. 10 Min. garen, bis der Fisch gar und die Kruste goldbraun ist.

ORIENTALISCHE HACKKÜCHLEIN

1 kleine Zwiebel | 1 Knoblauchzehe | 5 Stiele Minze | ½ Bund Koriandergrün | 2 EL Olivenöl | 600 g Rinderhackfleisch | 1 Ei | 3 EL Semmel-brösel | je 1 TL gemahlener Kreuzkümmel und edelsüßes Paprikapulver | ⅓ TL Chilipulver | Salz | Pfeffer | 200 g Schafskäse (Feta) | 120 g Naturjoghurt

Schmeckt nach Urlaub

Für 4 Personen | 35 Min. Zubereitung
Pro Portion ca. 675 kcal, 42 g EW, 52 g F, 8 g KH

1 Die Zwiebel und den Knoblauch schälen und klein würfeln. Die Kräuter waschen und trocken schütteln, die Blätter abzupfen und fein hacken.

2 Das Olivenöl in einer kleinen Pfanne erhitzen, Zwiebel und Knoblauch darin goldgelb dünsten. Das Hackfleisch in eine Schüssel geben. Zwiebel, Knoblauch sowie alle übrigen Zutaten – bis auf Schafskäse und Joghurt – ebenfalls hinzufügen. Alles mit den Händen gut mischen und verkneten, mit Salz und Pfeffer würzen.

3 Aus der Hackmasse walnussgroße Kugeln for-men und flach drücken. Den Schafskäse mit einer Gabel zerdrücken, mit dem Joghurt verrühren und kräftig mit Pfeffer würzen.

4 Je 1 – 2 Hackküchlein in die Pfännchen geben und etwas Fetajoghurt darüberlöffeln. Im heißen Gerät 10 – 12 Min. garen, bis das Hackfleisch gar und die Käsehaube leicht gebräunt ist.

TIPP
Dazu passt das fruchtige Tomaten-Aprikosen-Chutney von S. 58.

CHILI-MINIBURGER

2 Zwiebeln | 40 g Chili-Tortilla-Chips | 3 EL Olivenöl | 500 g gemischtes Hackfleisch | 1 EL Senf | 1 Ei | 1 TL getrockneter Oregano | Salz | Pfeffer | Chilipulver | 300 g Cheddar (in Scheiben) | 70 g eingelegte Jalapeños (in Scheiben, siehe Tipp; ersatzweise eingelegte Peperoni)

Mexikanisch-scharf

Für 4 Personen | 35 Min. Zubereitung
Pro Portion ca. 865 kcal, 46 g EW, 71 g F, 8 g KH

1 Zwiebeln schälen und in kleine Würfel schneiden. Tortilla-Chips im Blitzhacker fein zerbröseln oder in einen Gefrierbeutel geben und mit dem Nudelholz zerdrücken.

2 Das Olivenöl in einer Pfanne erhitzen und die Zwiebeln darin hellbraun braten. Zwiebeln, Tortillabrösel und Hackfleisch mit Senf, Ei und Oregano in eine Schüssel geben. Alles mit den Händen gut mischen und verkneten. Die Hackmasse mit Salz, Pfeffer und Chilipulver würzen.

3 Aus der Hackmasse walnussgroße Bällchen formen und flach drücken. Die Käsescheiben in Stücke schneiden, die etwas größer als die Burger sind. Jeweils einen Miniburger in die Pfännchen geben und mit Käse belegen. Im heißen Gerät 10 – 12 Min. garen, bis das Hackfleisch gar und der Käse geschmolzen ist. Die Jalapeños abtropfen lassen und auf die Miniburger streuen.

TIPP

Freunde der mexikanischen Küche kennen eingelegte Jalapeños: Sie geben mit Käse überbackenen Tortilla-Chips (Nachos) zusätzlich pikante Schärfe. Man bekommt sie in gut sortierten Supermärkten.

GEGRILLTES OBENDRAUF

Während es unten deftig brutzelt, wird obendrauf »schlank« gegrillt: Fleisch, Fisch und Gemüse garen auf dem heißen Stein schnell und kalorienarm, dafür aber umso aromatischer. Feine Marinaden und Füllungen machen den Genuss komplett – von kräuterfrisch über asiatisch-scharf bis hin zu orientalisch-würzig.

KNOBLAUCHGARNELEN

600 g rohe Garnelen | 1 rote Chilischote |
2 Knoblauchzehen | ½ Bio-Zitrone | 1 kleines
Bund Petersilie | 5 EL Olivenöl | Pfeffer | Salz

Tapas-Klassiker

Für 4 Personen | 20 Min. Zubereitung |
2 Std. Marinieren
Pro Portion ca. 310 kcal, 17 g EW, 26 g F, 1 g KH

1 Die Garnelen mit einer Schere an der Bauch-
seite längs aufschneiden und den Panzer ablösen.
Die Garnelen am Rücken mittig leicht einritzen und
den schwarzen Darm herauslösen. Anschließend
die Garnelen kalt abbrausen und trocken tupfen.

2 Die Chilischote längs halbieren und die Kerne
entfernen, die Schote waschen und sehr fein
würfeln. Den Knoblauch schälen und fein hacken.
Die Zitrone heiß waschen und abtrocknen, die

Schale abreiben und den Saft auspressen. Die
Petersilie waschen und trocken schütteln, die
Blätter abzupfen und fein hacken.

3 Chili, Knoblauch, Zitronenschale und 2 EL Zitronensaft mit dem Olivenöl verrühren. Die Petersilie
untermischen und mit Pfeffer würzen. Die Garnelen
im Würzöl wenden und zugedeckt im Kühlschrank
2 Std. marinieren.

4 Die Garnelen noch einmal durchmischen und
auf dem heißen Stein in ca. 4 Min. rosa und leicht
braun braten, dabei mehrmals wenden. Mit Salz
und Pfeffer würzen.

FISCH-SALTIMBOCCA

600 g Fischfilet (z. B. Wolfsbarsch, Dorade oder Zander; mit Haut) | 2 EL Zitronensaft | Salz | Pfeffer | 2 Zweige Rosmarin | 1 Orange | 4 große Scheiben Parmaschinken

Einfach, aber edel

Für 4 Personen | 20 Min. Zubereitung
Pro Portion ca. 220 kcal, 34 g EW, 8 g F, 3 g KH

1 Die Fischfilets kalt abbrausen, trocken tupfen und in 8 gleich große Stücke schneiden. Mit Zitronensaft beträufeln und leicht salzen und pfeffern.

2 Den Rosmarin waschen und trocken schütteln, die Nadeln abzupfen und fein hacken. Die Schale der Orange so abschneiden, dass auch die weiße Haut mit entfernt wird. Die Orange in 4 nicht zu dicke Scheiben schneiden (die Enden nicht verwenden) und die Scheiben halbieren.

3 Die Schinkenscheiben längs halbieren. Jeweils 1 Fischstück mit der Haut nach unten mittig auf den Schinken legen. Mit Rosmarin bestreuen und je ½ Orangenscheibe darauflegen. Den Schinken darüberklappen und eventuell mit einem kleinen Holzspieß feststecken.

4 Die Fischpäckchen auf dem heißen Stein auf beiden Seiten jeweils ca. 2 Min. braten, bis der Schinken leicht gebräunt und der Fisch nicht mehr glasig ist. Zum Fisch-Saltimbocca passt sehr gut Orangensalat mit Radicchio (siehe S. 56).

ENTENBRUST MIT CRANBERRYS

Das duftet nach Weihnachten: Die raffiniert marinierten Entenbrustscheiben mit fruchtiger Sauce sind eine echte Alternative zum Festtagsbraten.

Für die Entenbrust:
2 Entenbrustfilets
(à ca. 250 g)
1 Bio-Orange
2 Sternanis
½ Zimtstange
Pfeffer

Für die Sauce:
1 säuerlicher Apfel
(z. B. Boskop)
1 Stück frischer Ingwer
(ca. 3 cm)
200 g frische Cranberrys
(ersatzweise TK-Cranberrys)
100 g Zucker
150 ml Apfelsaft
5 Pimentkörner
3 – 4 EL Zitronensaft

Festliches Highlight

Für 4 Personen |
30 Min. Zubereitung |
35 Min. Garen |
6 Std. Marinieren
Pro Portion ca. 375 kcal,
23 g EW, 13 g F, 38 g KH

1 Für die Entenbrust die Filets kalt abbrausen, trocken tupfen und in ca. 4 mm dicke Scheiben schneiden – dabei dicke Fettstücke an den Enden entfernen. Die Orange heiß waschen, abtrocknen und etwa ein Drittel der Schale abreiben. Die Orange halbieren und den Saft auspressen.

2 Orangensaft, -schale, Sternanis, Zimtstange und etwas grob gemahlenen Pfeffer mit dem Fleisch in einen großen Gefrierbeutel geben. Den Beutel verschließen und die Filets im Kühlschrank mindestens 5 – 6 Std. (oder über Nacht) marinieren. Den Beutel ab und zu wenden, damit sich die Marinade gleichmäßig verteilt.

3 Für die Sauce den Apfel schälen und vierteln, das Kerngehäuse herausschneiden und die Viertel klein würfeln. Den Ingwer schälen und möglichst klein würfeln. Die Cranberrys in einem Sieb waschen und abtropfen lassen. Den Zucker in einem Topf hellbraun karamellisieren lassen. Den Apfelsaft angießen (Vorsicht: Es kann spritzen!), den Piment dazugeben und so lange kochen, bis sich der Karamell vollständig aufgelöst hat. Cranberrys, Apfelstücke und die Hälfte des Zitronensafts dazugeben und bei schwacher Hitze zugedeckt 30 – 35 Min. köcheln lassen, dabei ab und zu umrühren. Mit dem restlichen Zitronensaft abschmecken und die Pimentkörner herausfischen. Die Sauce abkühlen lassen.

4 Die Entenbrustscheiben in ein Sieb abgießen und mit Küchenpapier leicht abtupfen. Auf dem heißen Stein auf beiden Seiten in je 1 – 2 Min. braun braten. Dann mit Salz und Pfeffer würzen. Die Cranberrysauce dazu servieren.

MAROKKANISCHES HUHN

500 g Hähnchenbrustfilet (ohne Haut) |
½ Bund Petersilie | 1 Bund Koriandergrün |
1 große Zwiebel | 1 Knoblauchzehe | 1 TL gemahlener Kreuzkümmel | ⅓ TL Kurkumapulver |
2 EL Zitronensaft | 6 EL Öl | Salz | Pfeffer

Kräuterwürzig

Für 4 Personen | 20 Min. Zubereitung |
4 Std. Marinieren
Pro Portion ca. 425 kcal, 27 g EW, 33 g F, 2 g KH

1 Die Filets kalt abbrausen und trocken tupfen. Eventuell vorhandenes Fett sowie Sehnen entfernen und das Fleisch in ca. ½ cm dicke Scheiben schneiden. Die Kräuter waschen und trocken schütteln, die Blätter abzupfen und fein schneiden. Zwiebel und Knoblauch schälen. Die Zwiebel längs halbieren und in dünne Streifen schneiden.

2 Den Knoblauch schälen und durch die Knoblauchpresse in eine Schüssel drücken, mit den Gewürzen, Zitronensaft, Öl und 3 EL Wasser verrühren. Die Zwiebel und die Kräuter dazugeben und untermischen. Die Hähnchenscheiben unter die Marinade heben, zugedeckt im Kühlschrank 4 Std. (oder über Nacht) durchziehen lassen.

3 Das Fleisch mit den Zwiebeln auf dem heißen Stein ca. 3 Min. braten, dabei ein- bis zweimal wenden. Mit Salz und Pfeffer würzen. Nach Belieben Tomaten-Aprikosen-Chutney (siehe S. 58) oder Gurken-Joghurt-Dip (siehe S. 59) dazu servieren.

TIPP

Trotz orientalischer Würze schmeckt das Huhn eher mild und dank der vielen Kräuter frisch. Wer es schärfer mag, kann zusätzlich noch 2 – 3 Msp. Chilipulver dazugeben. Ich serviere auch gerne einen scharfen Dip dazu: Einfach etwas Joghurt mit Harissa (marok. Chiliwürzpaste) verrühren, salzen und noch etwas gehacktes Koriandergrün unterrühren.

KRÄUTER-LAMM

600 g Lammlachs oder -filet | 2 Knoblauch-
zehen | ½ Bio-Zitrone | 1 rote Chilischote |
2 Zweige Rosmarin | 6 Zweige Thymian |
5 EL Olivenöl | 1 TL Dijon-Senf | Salz | Pfeffer

Wie im Süden

Für 4 Personen | 20 Min. Zubereitung |
4 Std. Marinieren
Pro Portion ca. 400 kcal, 31 g EW, 30 g F, 1 g KH

1 Fleisch in ca. 4 mm dicke Scheiben schneiden.
Knoblauch schälen und fein würfeln. Zitrone heiß
waschen, abtrocknen, Schale abreiben und Saft
auspressen. Die Chilischote halbieren, entkernen,
waschen und fein würfeln. Die Kräuter waschen
und trocken schütteln, die Blätter abzupfen und
fein hacken. In einer Schüssel Öl mit Senf, Knoblauch, 2 EL Zitronensaft und der -schale, Chili und
Kräutern verrühren. Das Fleisch im Öl wenden und
zugedeckt im Kühlschrank 3 – 4 Std. marinieren.

2 Fleisch auf dem heißen Stein auf beiden Seiten
je 1 Min. braten. Salzen, pfeffern und nach Belieben mit Gurken-Joghurt-Dip (siehe S. 59) genießen.

SÜSS-SCHARFE PUTE

500 g Putenbrustfilet | 1 Knoblauchzehe |
1 Stück Ingwer (ca. 2 cm) | 3 EL Sojasauce |
1½ EL Sherry | 1 TL Sambal oelek | 3 EL Öl |
Salz | Pfeffer

Mal was anderes

Für 4 Personen | 15 Min. Zubereitung |
5 Std. Marinieren
Pro Portion ca. 280 kcal, 38 g EW, 16 g F, 2 g KH

1 Das Putenfilet kalt abbrausen, trocken tupfen
und in ca. 3 mm dicke Scheiben schneiden. Knoblauch und Ingwer schälen und fein würfeln. Beides
in einer Schüssel mit Sojasauce, Sherry, Sambal
oelek und Öl verrühren. Das Fleisch mit dem
Würzöl mischen und zugedeckt im Kühlschrank
4 – 5 Std. marinieren.

2 Das Fleisch noch einmal durchmischen. Die
Stücke abtropfen lassen und auf dem heißen Stein
auf beiden Seiten je ca. 2 Min. braten. Mit Salz und
Pfeffer würzen und nach Belieben mit Mangosauce
(siehe S. 58) oder Tomaten-Aprikosen-Chutney
(siehe S. 58) servieren.

PFEFFERFILET MIT THYMIANBUTTER

Wer seine Gäste verwöhnen will, braucht hier nicht viel: nur gutes Fleisch und möglichst frischen Pfeffer. Begeisterte Aahs und Oohs sind Ihnen sicher.

Für das Filet:
400 g Rinderfilet
1 EL bunte Pfefferkörner
(schwarz, weiß, grün
und rot gemischt)
1 Knoblauchzehe
4 – 5 EL Öl
Für die Butter:
200 g Schalotten
250 g weiche Butter
2 EL Puderzucker
¼ l Portwein
6 Zweige Thymian
2 Msp. abgeriebene
Bio-Orangenschale
Salz | Pfeffer

Zum Gästeverwöhnen

Für 4 Personen |
35 Min. Zubereitung |
1 Std. 45 Min. Tiefkühlen |
3 Std. Marinieren
Pro Portion ca. 950 kcal,
22 g EW, 81 g F, 16 g KH

1 Für das Filet das Fleisch in einen Gefrierbeutel geben (sehr dicke Filets vorher längs halbieren) und ca. 1 Std. im Tiefkühlfach anfrieren lassen, dann lässt es sich leichter dünn aufschneiden.

2 Die Pfefferkörner im Mörser grob zerstoßen. Den Knoblauch schälen und durch die Presse drücken, mit 3 – 4 EL Öl und dem Pfeffer auf einer Platte mischen. Das Fleisch in hauchdünne Scheiben schneiden und in dem Würzöl wenden (Bild 1), dabei nach Belieben das restliche Öl hinzufügen. Mit Frischhaltefolie abdecken und im Kühlschrank 2 – 3 Std. marinieren.

3 Inzwischen für die Butter die Schalotten schälen und in sehr feine Würfel schneiden. Knapp 2 EL Butter in einer Pfanne zerlassen und die Schalotten darin andünsten. Puderzucker darüberstäuben und die Schalotten unter Rühren ca. 1 Min. weiterdünsten. Mit Portwein ablöschen und die Flüssigkeit ca. 20 Min. einköcheln lassen (Bild 2). Die Portweinschalotten abkühlen lassen.

4 Den Thymian waschen und trocken schütteln, die Blättchen abzupfen und fein hacken. Die restliche Butter mit den Quirlen des Handrührgeräts cremig rühren. Schalotten, Thymian und Orangenschale unterrühren, mit Salz und Pfeffer würzen. Die Butter auf Frischhaltefolie geben, mithilfe der Folie zu einer Rolle formen und einwickeln (Bild 3). Die Butter im Tiefkühlfach in 30 – 45 Min. fest werden lassen, dann in den Kühlschrank legen.

5 Kurz vor dem Servieren die Thymianbutter auswickeln und in Scheiben schneiden. Das Fleisch direkt aus der Marinade auf den heißen Stein legen und auf jeder Seite ca. 1 Min. braten. Auf die heißen Filetstücke jeweils 1 Scheibe Thymianbutter legen.

LAMM-BROT-SPIESSE

300 g Lammlachs | 1 gelbe Paprikaschote | ca. 150 g türk. Fladenbrot | 8 kleine Schalotten | ½ Knoblauchzehe | 4 EL Butter | ⅓ TL gemahlener Kreuzkümmel | ¼ TL edelsüßes Paprikapulver | ¼ TL getrockneter Oregano | 8 Kirschtomaten | Salz | Pfeffer | 8 Holz- oder Metallspieße

Wie in der Türkei

Für 4 Personen | 30 Min. Zubereitung
Pro Portion ca. 275 kcal, 20 g EW, 11 g F, 23 g KH

1 Das Fleisch in ca. 2 × 3 cm große Stücke schneiden. Die Paprikaschote längs halbieren, putzen, waschen und in ca. 2 x 2 cm große Würfel schneiden. Das Brot ebenfalls ca. 2 cm groß würfeln. Die Schalotten schälen und längs halbieren.

2 Den Knoblauch schälen. Die Butter in einem Pfännchen zerlassen und den Knoblauch dazupressen. Kreuzkümmel, Paprikapulver und Oregano unterrühren und alles 1 Min. ziehen lassen. Die Pfanne vom Herd nehmen, 1 EL Würzbutter abnehmen. Die Brotwürfel in der Pfanne in der restlichen Butter wenden und auf einen Teller geben.

3 Die Kirschtomaten waschen und jede auf einen Spieß stecken. Dann abwechselnd Fleisch, Brot, Paprika und Schalottenhälften rechts und links davon aufspießen.

4 Das Gemüse und das Fleisch mit der übrigen Butter einstreichen. Die Spieße auf dem heißen Stein in ca. 15 Min. rundherum braun braten. Mit Salz und Pfeffer würzen. Dazu passt ein Gurken-Joghurt-Dip (siehe S. 59).

ZUCCHINIRÖLLCHEN MIT ZIEGENKÄSE

Salz | 2 möglichst dicke Zucchini (à ca. 300 g) | 15 Walnusskernhälften | 1 kleiner Zweig Rosmarin | 4 Zweige Thymian | 150 g cremiger Ziegenfrischkäse | 1 TL Dijon-Senf | Pfeffer

Schnell gemacht 🌿

Für 4 Personen | 35 Min. Zubereitung
Pro Portion ca. 145 kcal, 8 g EW, 10 g F, 4 g KH

1 In einem Topf Salzwasser zum Kochen bringen. Die Zucchini putzen, waschen und längs in dünne Scheiben schneiden oder hobeln (das geht sehr gut mit der Brotschneidemaschine). Die Scheiben im Salzwasser portionsweise in 1 – 2 Min. bissfest garen. In ein Sieb abgießen, kalt abbrausen und abtropfen lassen.

2 Die Walnusskerne fein hacken. Die Kräuter waschen und trocken schütteln, die Nadeln und Blättchen abzupfen und fein hacken. Den Frischkäse mit Senf, Walnüssen und Kräutern verrühren, mit Salz und Pfeffer würzen.

3 Die Zucchini mit Küchenpapier trocken tupfen. Auf jede Zucchinischeibe im unteren Drittel mittig etwas Käsecreme geben und die Scheiben fest aufrollen. Die Röllchen auf dem heißen Stein in ca. 5 Min. rundherum braun braten.

TIPP

Statt Ziegenkäse können Sie auch herkömmlichen Doppelrahmfrischkäse nehmen. Da dieser aber meist etwas fester und bröckeliger ist, rühre ich ihn mit 1 – 2 EL Sahne glatt. Und wenn es einmal ganz schnell gehen soll, schmeckt auch ein fertig gekaufter Kräuterfrischkäse.

AUBERGINEN-MOZZARELLA-TALER

2 Auberginen (à ca. 300 g) | 12 schwarze Oliven (ohne Stein) | 180 g eingelegte getrocknete Tomaten (mit Einlegeöl) | 4 Zweige Thymian | ½ TL getrockneter Oregano | Salz | Pfeffer | 2 Kugeln Mozzarella (à 125 g) | Öl für den Stein

Italienisches Dream-Team

Für 4 Personen | 30 Min. Zubereitung
Pro Portion ca. 405 kcal, 14 g EW, 37 g F, 5 g KH

1 Die Auberginen putzen, waschen und quer in ca. 3 mm dünne Scheiben schneiden (das geht sehr gut mit der Brotschneidemaschine). Die Oliven fein hacken. Die Tomaten abtropfen lassen und grob hacken. Den Thymian waschen, trocken schütteln und die Blättchen abzupfen. Thymian, Tomaten und Oregano mit 5 – 6 EL Tomaten-Einlegeöl im Blitzhacker fein pürieren. Die Oliven unterrühren, das Püree mit Salz und Pfeffer würzen.

2 Den Mozzarella trocken tupfen und in sehr dünne Scheiben schneiden. Auf die Auberginenscheiben jeweils etwas Tomaten-Oliven-Paste streichen, mit je 1 Scheibe Mozzarella belegen und mit einer zweiten Auberginenscheibe bedecken. Die Taler zusammendrücken und auf dem geölten heißen Stein auf jeder Seite ca. 5 Min. braten, bis sie braun sind und der Käse geschmolzen ist. Mit Salz und Pfeffer würzen.

TIPP

Übrigens: Viele Gemüse können Sie auch pur, ganz ohne Füllung, auf dem heißen Stein garen – z. B. Pilze in dickeren oder Zucchini und Auberginen in dünnen Scheiben. Während des Bratens evtl. etwas Öl darüberträufeln, erst danach mit Salz und Pfeffer würzen.

ASIATISCHE GEMÜSESPIESSE

5 EL Sojasauce | 6 EL trockener Sherry |
3 EL Zucker | 1 TL Sambal oelek | 250 g kleine
Champignons | 1 kleiner Zucchino | 4 Frühlings-
zwiebeln | 1 rote Paprikaschote | 8 Kirschtoma-
ten | Salz | Pfeffer | 8 Holz- oder Metallspieße

Köstlich fernöstlich

Für 4 Personen | 30 Min. Zubereitung
Pro Portion ca. 90 kcal, 34 g EW, 1 g F, 15 g KH

1 Sojasauce, Sherry und Zucker in einem Topf
aufkochen und bei starker Hitze in 2 – 4 Min. sirupartig einkochen lassen. Die Marinade vom Herd
nehmen und Sambal oelek unterrühren.

2 Die Pilze putzen und trocken abreiben. Den
Zucchino und die Frühlingszwiebeln putzen und
waschen. Die Paprikaschote längs halbieren,
putzen und waschen. Die Tomaten waschen.

3 Den Zucchino längs halbieren und die Hälften
in ca. 1 cm dicke Stücke schneiden. Die Paprikaschote in gleich große Stücke schneiden. Die grünen Teile der Frühlingszwiebeln abschneiden und
beiseitelegen (sie werden nicht verwendet), die
weißen und hellgrünen Teile in ca. 4 cm große
Stücke schneiden.

4 Zuerst jeweils 1 Tomate, dann das übrige Gemüse abwechselnd auf die Spieße stecken. Alles
mit der Marinade bestreichen und auf dem heißen
Stein in ca. 10 Min. rundherum dunkelbraun braten. Die Spieße dabei immer wieder etwas drehen
und das Gemüse evtl. mit Marinade bestreichen.
Mit Salz und Pfeffer würzen.

FEINES DAZU

Das Schöne an Raclette und heißem Stein: Alles gart ganz gemütlich.
In der Zwischenzeit kann man sich in Ruhe unterhalten, genussvoll etwas frischen
Salat knabbern oder mit einem Stückchen Brot von den Saucen und Dips naschen,
die als Beilagen für die Kreationen aus den Pfännchen bereitstehen.

ROTE-BETE-SALAT

400 g gegarte Rote Bete (vakuumverpackt) |
2 Stangen Staudensellerie | 1 großer Apfel
(z. B. Granny Smith) | 1 Stück Meerrettich
(ca. 20 g) | 1 EL Zitronensaft | 1 EL Johannisbeer-
gelee | 3 EL Weißweinessig | 4 EL Olivenöl

Fruchtig-scharfe Vitaminbombe

Für 4 Personen | 25 Min. Zubereitung |
30 Min. Marinieren
Pro Portion ca. 245 kcal, 2 g EW, 20 g F, 14 g KH

1 Rote Bete in kleine Würfel schneiden (dabei
am besten Einmalhandschuhe tragen, das Gemüse färbt ab!). Sellerie putzen und waschen,
die Stangen längs halbieren und in kleine Stücke
schneiden. Apfel schälen, halbieren und das Kerngehäuse entfernen. Meerrettich schälen. Meerrettich und Apfel fein reiben und sofort mit dem
Zitronensaft mischen.

2 Das Gelee in einer Schüssel mit Essig und Öl
verrühren und mit Rote Bete, Sellerie und Apfel-
Meerrettich-Raspeln mischen. Mit Salz und Pfeffer
würzen und 30 Min. ziehen lassen.

MÖHREN-MANDEL-SALAT

600 g Möhren | 50 g Mandelstifte | 3 Frühlings-
zwiebeln | ½ Bund Petersilie | 1 EL flüssiger
Honig | 4 EL Zitronensaft | 6 EL Olivenöl | Salz |
Pfeffer | Chilipulver | 3 EL Rosinen

Klassiker aus dem Orient

Für 4 Personen | 25 Min. Zubereitung |
30 Min. Marinieren
Pro Portion ca. 410 kcal, 4 g EW, 37 g F, 15 g KH

1 Möhren schälen und auf der Gemüsereibe oder
mit der Küchenmaschine fein reiben. Die Mandel-
stifte in einer Pfanne ohne Fett anrösten, bis sie
hellbraun sind und duften. Herausnehmen und
abkühlen lassen.

2 Frühlingszwiebeln putzen, waschen, in feine
Ringe schneiden. Petersilie waschen und trocken
schütteln, die Blätter abzupfen und fein hacken.
Honig, Zitronensaft und Öl verrühren und mit Salz,
Pfeffer und Chilipulver würzen. Marinade mit Rosi-
nen, Frühlingszwiebeln und Petersilie zu den Möh-
ren geben, mischen und 30 Min. ziehen lassen.
Vor dem Servieren mit den Mandeln bestreuen.

CHINAKOHL-GURKEN-SALAT

½ Salatgurke | 400 g Chinakohl | 1 Stück Ingwer
(ca. 2 cm) | 1 EL Zucker | Salz | 2 EL Reisessig
(ersatzweise Weißweinessig) | 2 EL Sesam-
samen | 1–2 Msp. Chilipulver

Asiatischer Begleiter

Für 4 Personen | 15 Min. Zubereitung |
30 Min. Marinieren
Pro Portion ca. 55 kcal, 2 g EW, 3 g F, 5 g KH

1 Gurke schälen, längs halbieren, die Kerne mit
einem Löffel herauskratzen und die Hälften in
dünne Scheiben schneiden. Chinakohl putzen, in
einzelne Blätter teilen, waschen, trocken schütteln
und in ca. 1 cm breite Streifen schneiden. Ingwer
schälen und sehr fein würfeln oder auf einer Reibe
fein zerkleinern. Ingwer, Zucker, ca. ⅓ TL Salz
und Essig verrühren. Gurke und Chinakohl mit der
Marinade mischen und 30 Min. ziehen lassen.

2 Inzwischen den Sesam in einer Pfanne ohne
Fett rösten, bis er duftet. Salat in einem Sieb abtropfen lassen und leicht ausdrücken. Mit Chilipulver würzen und mit Sesam bestreuen.

AVOCADO-TOMATEN-SALSA

1 Bio-Limette | 1 kleine rote Zwiebel |
1 kleine Knoblauchzehe | 2 reife Avocados |
⅓ TL gemahlener Kreuzkümmel | Salz |
Pfeffer | 2–3 Msp. Chilipulver | 2 Tomaten

Tex-Mex vom Feinsten

Für 4 Personen | 15 Min. Zubereitung |
10 Min. Marinieren
Pro Portion ca. 515 kcal, 5 g EW, 53 g F, 3 g KH

1 Limette heiß waschen, abtrocknen, Schale
abreiben und Saft auspressen. Zwiebel schälen
und klein würfeln. Knoblauch schälen und fein
hacken. Die Avocados halbieren und die Kerne
entfernen. Das Fruchtfleisch mit einem Löffel aus
der Schale lösen, in kleine Würfel schneiden und
mit Limettensaft und -schale, Zwiebel, Knoblauch
und Kreuzkümmel mischen. Die Avocadosalsa
mit Salz, Pfeffer und Chilipulver würzen.

2 Tomaten waschen und halbieren, Stielansätze
und Kerne entfernen. Das Fruchtfleisch in kleine
Würfel schneiden und unter die Avocadosalsa
mischen. Die Salsa 5–10 Min. ziehen lassen.

KARTOFFELSALAT MIT RADIESCHEN

Wie wär's mal mit Salat statt Pellkartoffeln? Er lässt sich gut vorbereiten,
schmeckt wunderbar kräuterfrisch und hat das knackige Gemüseplus.

800 g festkochende Kartoffeln
Salz
3 Schalotten
180 ml Gemüsebrühe
3 EL Weißweinessig
1 EL körniger Dijon-Senf
Pfeffer
1 Bund Radieschen
1 Bund Rucola
½ Bund Schnittlauch
4 EL Sonnenblumenöl

Hausmannskost

Für 4 Personen |
45 Min. Zubereitung |
30 Min. Marinieren
Pro Portion ca. 305 kcal,
4 g EW, 20 g F, 26 g KH

1 Die Kartoffeln unter fließendem kaltem Wasser gründlich abbürsten und mit der Schale in Salzwasser zugedeckt in 20 – 25 Min. gar kochen.

2 Inzwischen die Schalotten schälen und in kleine Würfel schneiden. Die Brühe in einem Topf aufkochen und die Schalotten hinzufügen. Den Topf vom Herd nehmen und die Schalotten 5 Min. ziehen lassen. Dann Essig und Senf unterrühren, mit Salz und Pfeffer würzen und die Schalotten weitere 15 Min. ziehen lassen.

3 Die Kartoffeln abgießen und im Topf auf der ausgeschalteten Herdplatte ausdampfen lassen. Dann noch warm pellen und in ca. ½ cm dicke Scheiben schneiden. Die warme Brühe über die Kartoffeln gießen, vorsichtig mischen und 30 Min. ziehen lassen.

4 Währenddessen die Radieschen putzen, waschen und in ca. 3 mm dicke Scheiben schneiden. Den Rucola putzen, waschen und trocken schütteln, grobe Stiele entfernen und die Blätter nicht zu fein schneiden. Den Schnittlauch waschen, trocken schütteln und in Röllchen schneiden.

5 Radieschen und Rucola in einer Schüssel mit dem Öl mischen und mit dem Schnittlauch unter die Kartoffeln heben. Den Salat mit Salz, Pfeffer und nach Belieben etwas Essig abschmecken.

ORANGENSALAT MIT RADICCHIO

900 g Orangen | 1 Fenchelknolle (ca. 250 g) |
2 EL Rosinen | 3 EL Weißweinessig |
5 EL Olivenöl | Salz | Pfeffer | 1 EL Pinienkerne |
1 rote Zwiebel | 1 Radicchio (ca. 250 g)

Fruchtig-herb

Für 4 Personen | 30 Min. Zubereitung
Pro Portion ca. 375 kcal, 4 g EW, 27 g F, 26 g KH

1 Den Saft von 1 Orange auspressen. Von den restlichen Orangen die Schale so dick abschneiden, dass auch die weiße Haut mit entfernt wird, dabei den abtropfenden Saft auffangen. Die Orangen quer in dünne Scheiben schneiden.

2 Fenchel putzen und waschen, das Grün abschneiden und beiseitelegen. Die Knolle längs vierteln, den Strunk herausschneiden und die Viertel fein hobeln. Fenchel und Orange mischen.

3 Den Orangensaft in einem Topf aufkochen, die Rosinen darin offen 2 Min. köcheln lassen. Dann in ein Sieb abgießen und dabei den Saft auffangen. 3 EL Saft mit Essig und Öl kräftig verrühren, salzen und pfeffern. Orangen und Fenchel mit der Marinade mischen und 10 Min. ziehen lassen.

4 Inzwischen die Pinienkerne in einer Pfanne ohne Fett goldgelb rösten. Die Zwiebel schälen und in feine Streifen schneiden. Den Radicchio halbieren und den Strunk herausschneiden. Die Blätter waschen, trocken schleudern und fein zerschneiden. Das Fenchelgrün fein hacken.

5 Den Radicchio auf einer Platte auslegen, den Orangen-Fenchel-Salat darauf verteilen und mit Zwiebelstreifen, Rosinen, Pinienkernen und Fenchelgrün bestreuen.

PASTINAKEN–FELDSALAT MIT BIRNE

300 g Pastinaken | 2 EL Zitronensaft |
1 große feste Birne (z. B. Abate Fetel) |
2 EL flüssiger Honig | 3 EL Weißwein- oder
Sherryessig | 4 EL Olivenöl | Salz | Pfeffer |
40 g Walnusskerne | 150 g Feldsalat

Leichter Herbstgenuss

Für 4 Personen | 30 Min. Zubereitung |
30 Min. Marinieren
Pro Portion ca. 370 kcal, 7 g EW, 30 g F, 18 g KH

1 Die Pastinaken schälen und auf der Küchenreibe fein raspeln. Sofort in einer Schüssel mit dem
Zitronensaft mischen, damit die Pastinaken sich
nicht bräunlich verfärben.

2 Die Birne waschen, vierteln und das Kerngehäuse entfernen. Die Viertel quer in schmale
Scheiben schneiden und mit den Pastinaken

mischen. Honig, Essig und Olivenöl zu einer
Marinade verrühren, mit Salz und Pfeffer würzen.
Pastinaken und Birnen mit der Marinade mischen
und 30 Min. ziehen lassen.

3 Inzwischen die Walnusskerne grob hacken.
Den Feldsalat putzen, waschen und trocken
schleudern. Feldsalat und Walnüsse vorsichtig
mit dem Pastinaken-Birnen-Salat mischen, mit
Salz und Pfeffer abschmecken. Wenn der Salat
nicht vegetarisch sein soll, kann man ihn zusätzlich noch mit ein paar in Stücke geschnittenen
Scheiben Tiroler Speck belegen.

TIPP

Pastinaken werden vor allem im Herbst und
Winter in Supermärkten und Bioläden angebo-
ten. Wenn ich mal keine bekomme, nehme ich
ersatzweise Knollensellerie.

MANGOSAUCE

1 reife Mango (ca. 450 g) | 1 Knoblauchzehe |
1 Stück Ingwer (ca. 2 cm) | 1 rote Chilischote |
1 EL Öl | 1 EL Zucker | 4 – 5 EL Orangensaft |
1 – 2 TL Weißweinessig | Salz | Pfeffer |
Koriandergrün (nach Belieben)

Extra fruchtig 🌿

Für 4 Personen | 30 Min. Zubereitung
Pro Portion ca. 130 kcal, 1 g EW, 6 g F, 17 g KH

1 Die Mango schälen, das Fruchtfleisch vom Stein
schneiden und würfeln. Knoblauch und Ingwer
schälen, fein hacken. Chilischote längs halbieren
und die Kerne entfernen, waschen und fein würfeln. Öl in einem kleinen Topf erhitzen. Knoblauch
und Ingwer darin andünsten, Mango, Chili, Zucker
und Orangensaft dazugeben und offen 15 – 20 Min.
köcheln lassen.

2 Die Mangosauce mit Essig, Salz und Pfeffer
würzen, weitere 1 – 2 Min. köcheln lassen und
nach Belieben mit dem Stabmixer pürieren.
Abkühlen lassen und vor dem Servieren nach
Wunsch 1 EL gehackten Koriander unterrühren.

TOMATEN–APRIKOSEN–CHUTNEY

2 Schalotten | 1 Knoblauchzehe | 1 Stück Ingwer
(ca. 2 cm) | 2 EL Öl | 60 g getrocknete Apriko-
sen | 200 g gehackte Tomaten (aus der Dose) |
½ TL gemahlener Kreuzkümmel | 2 Msp. Curry-
pulver | 2 EL Weißweinessig | Salz | Pfeffer |
Zucker | 2 Frühlingszwiebeln (nach Belieben)

Raffiniert-würzig 🌿

Für 4 Personen | 30 Min. Zubereitung
Pro Portion ca. 145 kcal, 2 g EW, 10 g F, 10 g KH

1 Schalotten, Knoblauch und Ingwer schälen und
fein würfeln. Öl in einem Topf erhitzen, Schalotten,
Knoblauch und Ingwer darin andünsten. Aprikosen
klein würfeln und mit Tomaten und Gewürzen zu
den Schalotten geben. Alles offen ca. 20 Min. köcheln lassen. Dann den Essig dazugeben und das
Chutney weitere 2 – 3 Min. köcheln lassen.

2 Chutney mit Salz, Pfeffer und Zucker würzen,
mit dem Stabmixer leicht anpürieren und abkühlen
lassen. Nach Belieben das Grün von 2 Frühlingszwiebeln in feine Ringe schneiden und unter das
abgekühlte Chutney mischen.

KRESSE-REMOULADE

2 Eier | 1 Eigelb | Salz | 1 EL Dijon-Senf |
1 EL Weißweinessig | 120 ml Sonnenblumenöl |
2 EL griech. Joghurt | 1 rote Zwiebel | 3 Corni-
chons | 1½ EL Kapern | 2 Kästchen Kresse |
Pfeffer | Zucker | edelsüßes Paprikapulver

Kräuterfrisch

Für 4 Personen | 25 Min. Zubereitung
Pro Portion ca. 340 kcal, 5 g EW, 35 g F, 2 g KH

1 Die Eier in ca. 10 Min. hart kochen, kalt abschrecken und abkühlen lassen. Das Eigelb mit 1 Prise
Salz, Senf und Essig mit den Quirlen des Handrührgeräts verrühren. Das Öl zuerst tröpfchenweise,
dann in dünnem Strahl unterrühren und bei nicht
zu hoher Drehzahl weiterrühren, bis die Mischung
cremig ist. Joghurt mit dem Kochlöffel unterrühren.

2 Zwiebel schälen und fein würfeln. Essiggurken
und Kapern abtropfen lassen. Die Eier pellen und
mit Gurken und Kapern klein hacken. Die Kresse
waschen, trocken schütteln und vom Beet schneiden. Alles unter die Mayonnaise heben und mit
Salz, Pfeffer, Zucker und Paprikapulver würzen.

GURKEN-JOGHURT-DIP

½ Salatgurke | Salz | 5 Stiele Minze |
½ Bio-Zitrone | 250 g griech. Joghurt |
1 TL gemahlener Kreuzkümmel | Salz |
Pfeffer | edelsüßes Paprikapulver | Zucker

Leicht und frisch

Für 4 Personen | 15 Min. Zubereitung |
30 Min. Marinieren
Pro Portion ca. 80 kcal, 2 g EW, 6 g F, 4 g KH

1 Die Gurke schälen, längs halbieren und mit
einem Löffel die Kerne herauskratzen. Die Gurken-
hälften auf der Küchenreibe grob raspeln. In ein
Sieb geben, salzen und 30 Min. abtropfen lassen.

2 Minze waschen und trocken schütteln, die
Blätter abzupfen und in feine Streifen schneiden.
Die Zitrone heiß waschen und abtrocknen,
die Schale abreiben und den Saft auspressen.
Die Gurkenraspel ausdrücken. Joghurt mit 2 Msp.
Zitronenschale, 2 EL Zitronensaft, Kreuzkümmel
und Minze glatt rühren. Die Gurke untermischen
und den Dip mit Salz, Pfeffer, Paprikapulver und
1 – 2 Prisen Zucker würzig abschmecken.

REGISTER

Damit Sie Rezepte mit bestimmten Zutaten noch schneller finden, sind in diesem Register auch beliebte Zutaten wie **Kartoffeln** oder **Tomaten** alphabetisch eingeordnet und hervorgehoben. Darunter finden Sie das Rezept Ihrer Wahl. Vegetarische Rezepte, die im Buch mit einem 🌿 gekennzeichnet sind, sind hier grün abgesetzt.

© 2013 GRÄFE UND UNZER VERLAG GmbH, München
Alle Rechte vorbehalten. Nachdruck, auch auszugsweise, sowie die Verbreitung durch Film, Funk, Fernsehen und Internet, durch fotomechanische Wiedergabe, Tonträger und Datenverarbeitungssysteme jeglicher Art nur mit schriftlicher Genehmigung des Verlages.

Projektleitung: Kathrin Ullerich
Lektorat: Gertrud Köhn
Korrektorat: Petra Bachmann
Satz: Uhl + Massopust, Aalen
Herstellung: Sigrid Frank
Innen- und Umschlaggestaltung: independent Medien-Design, Horst Moser, München
Reproduktion: Repro Ludwig, Zell am See
Druck und Bindung: Schreckhase, Spangenberg
Syndication: www.jalag-syndication.de
Printed in Germany

4. Auflage 2015
ISBN 978-3-8338-3432-5

 www.facebook.com/gu.verlag

GRÄFE UND UNZER

Ein Unternehmen der
GANSKE VERLAGSGRUPPE

Die Autorin

Tanja Dusy kocht leidenschaftlich gerne für Familie, Freunde und Gäste. Wenn Letztere kommen, glüht im Winter regelmäßig das Raclettegerät – natürlich mit immer wieder anderen Zutaten. Ideen und Anregungen für ihre Rezepte findet die Autorin im Alltag und noch lieber auf Reisen. Sie arbeitet seit 2001 für den GRÄFE UND UNZER VERLAG, wo bereits zahlreiche prämierte Bücher von ihr erschienen sind.

Die Fotografin

Monika Schürle (Foto) und Maria Grossmann (Styling) arbeiten seit Langem im Team und sind erfolgreich in den Bereichen Food, Still und Interior tätig. Ihre Auftraggeber sind Magazine, Verlage und Agenturen. Bei der Produktion dieses Buches wurden sie von Volker Hobl (Foodstyling) unterstützt.

Bildnachweis

Titelfoto: Wolfgang Schardt, Hamburg
Alle anderen Fotos: Monika Schürle

Titelrezepte

Tiroler Lauchpfännchen (S. 12) | Kürbis-Curry-Pfännchen (S. 21)

QUALITÄTS
G|U
GARANTIE

Liebe Leserin, lieber Leser,

haben wir Ihre Erwartungen erfüllt? Sind Sie mit diesem Buch zufrieden? Haben Sie weitere Fragen zu diesem Thema? Wir freuen uns auf Ihre Rückmeldung, auf Lob, Kritik und Anregungen, damit wir für Sie immer besser werden können.

GRÄFE UND UNZER Verlag
Leserservice
Postfach 86 03 13
81630 München
E-Mail:
leserservice@graefe-und-unzer.de

Telefon: 00800 / 72 37 33 33*
Telefax: 00800 / 50 12 05 44*
Mo–Do: 8.00–18.00 Uhr
Fr: 8.00–16.00 Uhr
(gebührenfrei in D, A, CH)*

Ihr GRÄFE UND UNZER Verlag
Der erste Ratgeberverlag – seit 1722.

Umwelthinweis:
Dieses Buch ist auf PEFC-zertifiziertem Papier aus nachhaltiger Waldwirtschaft gedruckt.

LEICHTER DURCHS LEBEN

DEIN DIGITALER COACH
FÜR MEHR BALANCE

G|U BALANCE

www.gu-balance.de

JETZT 10 TAGE
KOSTENLOS TESTEN
www.gu-balance.de

✓ BESSER ESSEN

✓ MIT SPASS BEWEGEN

✓ ENDLICH ENTSPANNT

FÜR:

RACLETTE-PARTY: KLASSISCH, FESTLICH ...

Deftig wie auf der Schweizer Hütte oder edles Raclette-Menü für Gäste,
die das Besondere lieben? Hier gibt es beides.

KLASSISCHER ABEND

Einfaches Raclette, nur mit Raclettekäse (500 g)
und nach Belieben Würzstreuseln (siehe S. 10)
Tiroler Lauchpfännchen (siehe S. 12)
Zwiebelpfännchen mit Speck (siehe S. 13)
Rote-Bete-Salat (siehe S. 52)
Kresse-Remoulade (siehe S. 59)

Außerdem:
600 g Pellkartoffeln oder Kartoffelsalat
(siehe S. 54)
Brezeln und Bauernbrot
Essiggurken, Mixed Pickles und Perlzwiebeln
400 g Champignons
8 Bratwürste

Für 8 Personen

1 Streusel und Rote-Bete-Salat sowie evtl. Kartoffelsalat vorbereiten. Die Zwiebeln dünsten, den Lauch blanchieren. Mischung aus Zwiebeln, Speck und Käse vorbereiten. Kühl stellen.

2 Die Remoulade vorbereiten. Pilze putzen und in Scheiben schneiden. Bratwürste in Stücke schneiden. Äpfel in Speck wickeln. Pellkartoffeln garen.

3 Alle Zutaten auf den Tisch stellen. Raclette wie beschrieben garen. Pilze und Bratwürste auf dem heißen Stein garen. Remoulade dazu reichen.

FESTLICHER ABEND

Camembert mit Chicorée (siehe Variante S. 30)
Morbier mit Portfeigen (siehe S. 23)
Pfefferfilet mit Thymianbutter (1½-fache Menge; siehe S. 44)
Pastinaken-Feldsalat mit Birne (siehe S. 57)

Außerdem:
Baguette oder Ciabatta
Sekt mit je 1 Kugel Zitronensorbet als Aperitif oder Dessert

Für 8 Personen

1 Das Rinderfilet aufschneiden und marinieren. Die Thymianbutter zubereiten und kühlen.

2 Die Feigen zubereiten und abkühlen lassen.

3 Die Pastinaken vorbereiten und mit dem Dressing mischen. Walnüsse und Feldsalat vorbereiten.

4 Den Chicorée schneiden und die Camembert-Mischung vorbereiten.

5 Alle Zutaten auf dem Tisch in Schälchen bereitstellen. Die Pastinaken mit den Walnüssen und dem Feldsalat mischen.